초등어휘사전

1판 1쇄 인쇄 2025년 6월 25일
1판 1쇄 발행 2025년 7월 14일
발행처 (주)서울문화사 | **발행인** 심정섭
글 오영인 | **편집인** 안예남 | **편집팀장** 최영미
편집 허가영, 한나래 | **브랜드마케팅** 김지선
출판마케팅 홍성현, 김호현 | **제작** 정수호
출판등록일 1988년 2월 16일 | **출판등록번호** 제2-484
주소 서울시 용산구 새창로 221-19
전화 02)791-0708(판매), 02)799-9186(편집)
디자인 이혜원 | **인쇄** 에스엠그린
ISBN 979-11-7371-443-6
　　　979-11-6923-823-6(세트)

의성어 관용어 고사성어

산리오캐릭터즈
초등어휘사전

어휘력 쑥쑥!
낱말 **217**개

서울문화사

캐릭터 소개

헬로키티

- 🍑 **생일:** 11월 1일
- 🍑 **태어난 곳:** 영국 교외
- 🍑 **키:** 사과 5개
- 🍑 **좋아하는 음식:** 엄마가 만들어 준 애플파이
- 🍑 **좋아하는 것:** 피아노 연주, 쿠키 만들기

마이멜로디

- 🍑 **생일:** 1월 18일
- 🍑 **태어난 곳:** 마리랜드에 있는 숲
- 🍑 **키:** 숲에 있는 빨갛고 하얀 물방울 모양의 버섯과 비슷한 정도
- 🍑 **취미:** 엄마와 함께 쿠키 굽기
- 🍑 **좋아하는 음식:** 아몬드 파운드케이크

✦ 쿠로미 ✦

- 💜 **생일:** 10월 31일
- 💜 **매력 포인트:** 검은색 두건과 핑크색 해골
- 💜 **취미:** 일기 쓰기
- 💜 **좋아하는 색:** 검은색
- 💜 **좋아하는 음식:** 락교

✦ 시나모롤 ✦

- 💙 **생일:** 3월 6일
- 💙 **사는 곳:** 수크레 타운에 있는 '카페 시나몬'
- 💙 **특기:** 큰 귀로 하늘을 나는 것
- 💙 **취미:** 카페 테라스에서 낮잠 자기
- 💙 **좋아하는 것:** '카페 시나몬'의 유명한 시나몬롤, 코코아

✦ 폼폼푸린 ✦

- 💚 **생일:** 4월 16일
- 💚 **사는 곳:** 주인 누나 집 현관에 있는 푸린용 바구니
- 💚 **취미:** 신발 모으기
- 💚 **특기:** 낮잠, 누구든지 친해지는 것
- 💚 **좋아하는 음식:** 우유, 푹신푹신한 것, 엄마가 만들어 주는 푸딩

✦ 포차코 ✦

- 💚 **생일:** 2월 29일
- 💚 **매력 포인트:** 아기 똥배
- 💚 **키:** 바나나 아이스크림 라지 사이즈 컵 4개 정도
- 💚 **취미:** 걷기, 놀기
- 💚 **좋아하는 음식:** 바나나 아이스크림

이 책의 구성

본문 구성

1. 5개의 다양한 주제로 나누었어요.
2. 다양한 낱말을 배워요.
3. 낱말의 뜻을 알려 줘요.
4. 낱말을 따라 쓰면서 쉽게 익혀요.
5. 낱말을 활용한 문장이 들어 있어요.

부록 구성

6. 어휘 찾기 놀이터, 관용어 완성 놀이터 등을 통해서 일상에서 자주 사용하는 낱말을 알아봐요.

7. '가나다' 순으로 찾아보기를 보고 궁금한 낱말을 찾아서 공부해요.

차례

이 책의 구성 ♥ 5

1장
소리를 흉내 내는 말
(의성어)
♥ 8

몸과 관련된 의성어 ♥ 60
색칠하기 놀이터 ♥ 62

2장
행동을 흉내 내는 말
(의태어)
♥ 64

자연과 관련된 의태어 ♥ 116
어휘 찾기 놀이터 ♥ 118

3장
감정을 표현하는 말
♥ 120

여행을 갈 때 느끼는 감정 ♥ 166
미로 찾기 놀이터 ♥ 168

4장
비유하는 말 (관용어)
♥ 170

음식과 관련된 관용어 ♥ 196
관용어 완성 놀이터 ♥ 198

5장
고사성어
♥ 200

공부와 관련된 고사성어 ♥ 232
사다리 타기 놀이터 ♥ 234
정답 ♥ 235
찾아보기 ♥ 236

1장
소리를 흉내 내는 말
(의성어)

비슷하지만 다른 의성어를 비교해 보세요.

의성어

보글보글

지글지글

보글보글
적은 양의 물이나 국물이 야단스럽게 끓는 소리예요.

지글지글
적은 양의 국물이나 기름이 세게 끓는 소리예요.

또박또박 낱말 쓰기

보글보글

지글지글

종알종알 활용 문장 읽기

보글보글	"냄비에서 찌개가 보글보글 끓어요."
지글지글	"지글지글 구운 전이 맛있어요."

비슷하지만 다른 의성어를 비교해 보세요.

바삭바삭  아삭아삭

바삭바삭
잘 마른 물건을 가볍게 밟거나 단단하고 부서지기 쉬운 음식을 깨무는 소리예요.

아삭아삭
연하고 싱싱한 과일이나 채소를 베어 물 때 나는 소리예요.

또박또박 낱말 쓰기

바 삭 바 삭

아 삭 아 삭

종알종알 활용 문장 읽기

바삭바삭 "과자를 바삭바삭 씹는 소리가 들려요."

아삭아삭 "사과를 아삭아삭 베어 먹어요."

비슷하지만 다른 의성어를 비교해 보세요.

꿀떡꿀떡

꿀꺽꿀꺽

꿀떡꿀떡
음식을 목구멍으로 연달아 자꾸 삼키는 소리예요.

꿀꺽꿀꺽
물이나 음식이 목구멍으로 한꺼번에 많이 넘어가는 소리예요.

또박또박 낱말 쓰기

꿀	떡	꿀	떡

꿀	꺽	꿀	꺽

종알종알 활용 문장 읽기

꿀떡꿀떡	"맛있는 떡을 꿀떡꿀떡 먹어요."
꿀꺽꿀꺽	"아빠가 꿀꺽꿀꺽 소리를 내며 물을 마셔요."

비슷하지만 다른 의성어를 비교해 보세요.

소곤소곤
VS
속닥속닥

소곤소곤

남이 알아듣지 못하게
작은 목소리로
조용히 이야기하는
소리예요.

속닥속닥

남이 알아듣지 못하게
작은 목소리로
비밀스럽게 이야기하는
소리예요.

또박또박 낱말 쓰기

소곤소곤

속닥속닥

종알종알 활용 문장 읽기

소곤소곤 "언니와 소곤소곤 귓속말을 해요."

속닥속닥 "친구와 속닥속닥 비밀 이야기를 해요."

비슷하지만 다른 의성어를 비교해 보세요.

키득키득
VS
피식피식

의성어

키득키득
참으려고 해도 입에서 자꾸만 새어 나오는 웃음소리예요.

피식피식
엉뚱한 말과 행동에 웃음이 날 때 입술을 힘없이 터뜨리며 웃는 소리예요.

✏️ 또박또박 낱말 쓰기

키 득 키 득

피 식 피 식

✉️ 종알종알 활용 문장 읽기

키득키득	"만화책을 보다가 키득키득 웃었어요."
피식피식	"엉뚱한 생각에 피식피식 웃음이 나요."

비슷하지만 다른 의성어를 비교해 보세요.

저벅저벅

뚜벅뚜벅

저벅저벅
발을 크고 무겁게 내디디며 연달아 걷는 소리예요.

뚜벅뚜벅
발소리를 뚜렷하게 내며 연달아 걷는 소리예요.

또박또박 낱말 쓰기

저벅저벅

뚜벅뚜벅

종알종알 활용 문장 읽기

저벅저벅 "저벅저벅 힘찬 발소리가 들려요."

뚜벅뚜벅 "정문을 향해 뚜벅뚜벅 걸었어요."

비슷하지만 다른 의성어를 비교해 보세요.

잘그락잘그락

달그락달그락

의성어

잘그락잘그락
얇은 쇠붙이가 가볍게 부딪치는 소리예요.

달그락달그락
작고 단단한 물건이 흔들리면서 맞닿는 소리예요.

또박또박 낱말 쓰기

잘그락잘그락

달그락달그락

 종알종알 활용 문장 읽기

잘그락잘그락	"젓가락이 부딪쳐서 잘그락잘그락해요."
달그락달그락	"필통 속 연필들이 달그락달그락 소리를 내요."

비슷하지만 다른 의성어를 비교해 보세요.

의성어

짤랑짤랑

달랑달랑

짤랑짤랑
얇은 쇠붙이나 작은 방울이 자꾸 흔들리거나 부딪쳐 울리는 소리예요.

달랑달랑
작은 방울이나 매달린 물건이 자꾸 흔들릴 때 나는 소리예요.

또박또박 낱말 쓰기

짤랑짤랑

달랑달랑

 종알종알 활용 문장 읽기

| 짤랑짤랑 | "동전들이 짤랑짤랑 소리를 내요." |
| 달랑달랑 | "가방에 단 인형이 달랑달랑 흔들려요." |

비슷하지만 다른 의성어를 비교해 보세요.

첨벙첨벙
VS
풍덩풍덩

의성어

첨벙첨벙
큰 물건이 물에 부딪히거나 잠기는 소리예요.

풍덩풍덩
크고 무거운 물건이 깊은 물에 떨어질 때 무겁게 나는 소리예요.

또박또박 낱말 쓰기

첨벙첨벙

풍덩풍덩

종알종알 활용 문장 읽기

첨벙첨벙 "첨벙첨벙 물장구를 치며 놀아요."

풍덩풍덩 "물속에 풍덩풍덩 뛰어들어요."

비슷하지만 다른 의성어를 비교해 보세요.

두근두근 VS 콩닥콩닥

의성어

두근두근
몹시 놀라거나 불안해서 가슴이 뛰는 소리예요.

콩닥콩닥
충격을 받아서 가슴이 세차게 뛰는 소리예요.

또박또박 낱말 쓰기

두근두근

콩닥콩닥

종알종알 활용 문장 읽기

두근두근 "가슴이 두근두근 떨려요."

콩닥콩닥 "발표를 하게 될까 봐 가슴이 콩닥콩닥 뛰어요."

비슷하지만 다른 의성어를 비교해 보세요.

하하

호호

의 성 어

하하

입을 크게 벌리고 시원하게 웃는 소리예요.

호호

입을 동그랗고 작게 오므리고 웃는 소리예요.

또박또박 낱말 쓰기

하	하	하	하

호	호	호	호

종알종알 활용 문장 읽기

하하	"큰 소리로 하하 웃었어요."
호호	"친구가 작게 호호 웃었어요."

비슷하지만 다른 의성어를 비교해 보세요.

냠냠

쩝쩝

냠냠

음식을 맛있게 먹는 소리예요.

쩝쩝

입맛을 다시거나 음식을 아무렇게나 마구 먹을 때 나는 소리예요.

또박또박 낱말 쓰기

냠냠 냠냠

쩝쩝 쩝쩝

종알종알 활용 문장 읽기

냠냠	"친구와 과자를 냠냠 먹어요."
쩝쩝	"밥 먹을 때 쩝쩝 소리를 내지 않도록 조심해요."

비슷하지만 다른 의성어를 비교해 보세요.

종알종알

중얼중얼

의성어

종알종알

여럿이 조용히 이야기하거나 아이들이 재잘댈 때도 써요.

중얼중얼

남이 알아듣지 못할 정도의 작고 낮은 목소리로 혼잣말하는 소리예요.

또박또박 낱말 쓰기

종알종알

중얼중얼

종알종알 활용 문장 읽기

종알종알 "동생이 종알종알 이야기해요."

중얼중얼 "중얼중얼 혼잣말을 해요."

비슷하지만 다른 의성어를 비교해 보세요.

땡그랑
VS
쨍그랑

의성어

땡그랑
작은 방울이나
종 같은 것이
흔들리거나 부딪칠 때
나는 소리예요.

쨍그랑
얇은 쇠붙이나
유리, 거울 같은 것이
떨어지거나 부딪쳐
맑게 울리는 소리예요.

또박또박 낱말 쓰기

땡그랑

쨍그랑

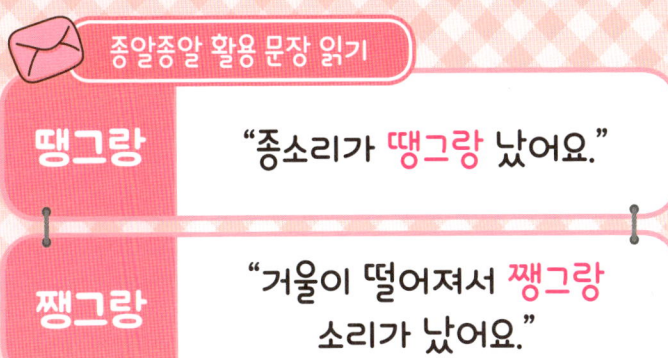

종알종알 활용 문장 읽기

| 땡그랑 | "종소리가 땡그랑 났어요." |
| 쨍그랑 | "거울이 떨어져서 쨍그랑 소리가 났어요." |

비슷하지만 다른 의성어를 비교해 보세요.

부르릉

따르릉

의성어

부르릉
자동차나 비행기 같은 탈것이 움직일 때 나는 소리예요.

따르릉
전화벨이나 자명종이 울리는 소리예요.

또박또박 낱말 쓰기

부로룽

따로룽

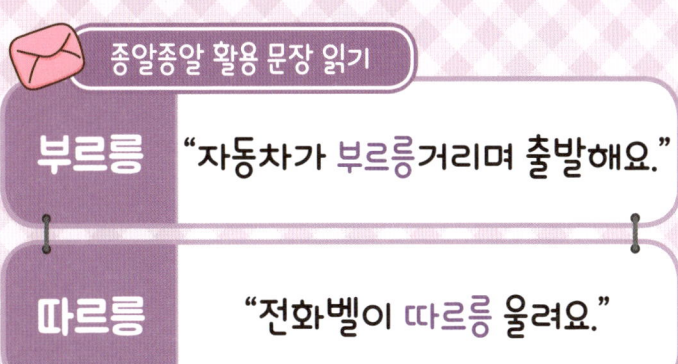

종알종알 활용 문장 읽기

부르릉	"자동차가 부르릉거리며 출발해요."
따르릉	"전화벨이 따르릉 울려요."

비슷하지만 다른 의성어를 비교해 보세요.

찰랑찰랑

출렁출렁

찰랑찰랑

가득 찬 물이 넘칠 듯 흔들리는 소리예요.

출렁출렁

물이 큰 물결을 이루며 흔들리는 소리예요.

또박또박 낱말 쓰기

찰랑찰랑

출렁출렁

종알종알 활용 문장 읽기

찰랑찰랑 — "컵에 담긴 물이 찰랑찰랑 흔들려요."

출렁출렁 — "파도를 따라 배가 출렁출렁 흔들려요."

비슷하지만 다른 의성어를 비교해 보세요.

사각사각

사락사락

의성어

사각사각
눈이 내리거나 눈 위를 밟을 때, 사과 등을 씹을 때 나는 소리예요.

사락사락
눈이 가볍게 내리거나 무엇이 가볍게 쓸리는 소리예요.

또박또박 낱말 쓰기

사각사각

사락사락

종알종알 활용 문장 읽기

사각사각	"사각사각 눈을 밟고 놀아요."
사락사락	"밤새 사락사락 눈 내리는 소리가 들렸어요."

비슷하지만 다른 의성어를 비교해 보세요.

우르릉

콰르릉

우르릉
천둥이 무겁고 둔하게 울리거나 무엇이 요란하게 울릴 때 나는 소리예요.

콰르릉
폭발물이 터지거나 천둥이 치며 요란하게 울리는 소리예요.

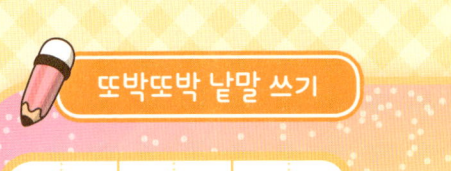

또박또박 낱말 쓰기

 종알종알 활용 문장 읽기

우르릉	"천둥소리가 우르릉 하고 크게 울려요."
콰르릉	"폭탄이 터지면 콰르릉 하는 큰 소리가 나요."

비슷하지만 다른 의성어를 비교해 보세요.

의성어

벌컥벌컥

홀짝홀짝

벌컥벌컥
물이나 음료수를 거침없이 마구 마시는 소리예요.

홀짝홀짝
적은 양의 물이나 음료수를 남김없이 들이마시는 소리예요.

또박또박 낱말 쓰기

벌	컥	벌	컥

홀	짝	홀	짝

종알종알 활용 문장 읽기

벌컥벌컥	"목이 말라 물을 벌컥벌컥 마셨어요."
홀짝홀짝	"따뜻한 차를 홀짝홀짝 마셔요."

비슷하지만 다른 의성어를 비교해 보세요.

의성어

흥얼흥얼

칭얼칭얼

흥얼흥얼
즐거워서 입속으로 계속 노래를 부르는 소리예요.

칭얼칭얼
몸이 불편하거나 무언가 못마땅해서 자꾸 짜증을 내며 보채는 소리예요.

또박또박 낱말 쓰기

흥얼흥얼

칭얼칭얼

종알종알 활용 문장 읽기

흥얼흥얼 "노래를 흥얼흥얼 따라 불러요."

칭얼칭얼 "동생이 아파서 칭얼칭얼 울어요."

비슷하지만 다른 의성어를 비교해 보세요.

뚝딱뚝딱

또닥또닥

뚝딱뚝딱

단단한 물건을 가볍게 두드리는 소리예요.

또닥또닥

잘 울리지 않는 물건을 가볍게 두드리는 소리예요.

의성어

또박또박 낱말 쓰기

뚝	딱	뚝	딱

또	닥	또	닥

종알종알 활용 문장 읽기

뚝딱뚝딱	"뚝딱뚝딱 못을 박는 소리가 들려요."
또닥또닥	"친구의 등을 또닥또닥 두드려 주었어요."

비슷하지만 다른 의성어를 비교해 보세요.

와글와글 VS 웅성웅성

의성어

와글와글

사람이나 벌레가 한곳에 많이 모여 떠들거나 움직이는 소리예요.

웅성웅성

여러 사람이 모여 소란스럽게 떠드는 소리예요.

또박또박 낱말 쓰기

와	글	와	글

웅	성	웅	성

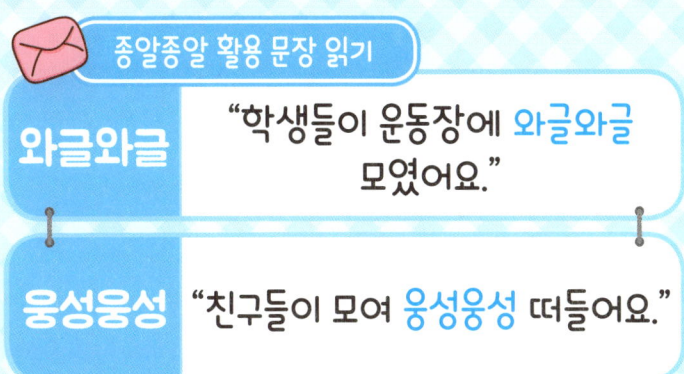

종알종알 활용 문장 읽기

와글와글 "학생들이 운동장에 와글와글 모였어요."

웅성웅성 "친구들이 모여 웅성웅성 떠들어요."

비슷하지만 다른 의성어를 비교해 보세요.

서걱서걱

싹둑싹둑

의성어

서걱서걱
벼, 보리, 밀 같은 곡식을 벨 때 나는 소리예요.

싹둑싹둑
어떤 물건을 거침없이 자르거나 베는 소리예요.

또박또박 낱말 쓰기

서 걱 서 걱

싹 둑 싹 둑

종알종알 활용 문장 읽기

서걱서걱	"낫으로 벼를 서걱서걱 베요."
싹둑싹둑	"가위로 색종이를 싹둑싹둑 오려요."

비슷하지만 다른 의성어를 비교해 보세요.

펄럭펄럭

퍼덕퍼덕

의성어

펄럭펄럭
무언가가 빠르고 힘차게 바람에 흔들리는 소리예요.

퍼덕퍼덕
큰 깃발이나 빨래가 바람에 거칠게 날릴 때, 새가 크게 날개를 칠 때 나는 소리예요.

또박또박 낱말 쓰기

펄럭펄럭

퍼덕퍼덕

종알종알 활용 문장 읽기

펄럭펄럭 "깃발이 펄럭펄럭 흔들려요."

퍼덕퍼덕 "빨래가 바람에 퍼덕퍼덕 날려요."

비슷하지만 다른 의성어를 비교해 보세요.

드르륵

스르륵

드르륵

큰 물건이 미끄러지거나 구르다 뚝 멎는 소리예요.

스르륵

물건이 쓸리면서 시원스럽게 나는 소리예요.

또박또박 낱말 쓰기

드르륵

스르륵

종알종알 활용 문장 읽기

| 드르륵 | "문을 드르륵 열었어요." |
| 스르륵 | "자동문이 저절로 스르륵 열려요." |

몸과 관련된 의성어

새근새근 — 고르지 않고 가쁘거나, 곤히 잠들어 조용하게 숨 쉬는 소리예요.

헐떡헐떡 — 숨을 가쁘고 거칠게 쉬는 소리예요.

쩌렁쩌렁 — 목소리가 크고 높게 울리는 소리예요.

의성어

킁킁 — 콧구멍으로 숨을 세차게 내쉬는 소리예요.

훌쩍훌쩍 — 콧물을 들이마시거나 흐느껴 우는 소리예요.

꼬르륵 — 배가 고플 때나 소화될 때 등 뱃속에서 나는 소리예요.

색칠하기 놀이터

산리오캐릭터즈를 멋지게 색칠해요.

의성어

방긋 방긋

초롱 초롱

또박 또박

폴짝 폴짝

2장 행동을 흉내 내는 말 (의태어)

비슷하지만 다른 의태어를 비교해 보세요.

의태어

또박또박

반듯반듯

또박또박
말이나 글씨가
흐릿하지 않고
또렷한 모양이에요.

반듯반듯
무언가가 비뚤거나
기울지 않고
바른 모양이에요.

또박또박 낱말 쓰기

또박또박

반듯반듯

종알종알 활용 문장 읽기

또박또박 "발표할 때는 또박또박 말해요."

반듯반듯 "동생이 글씨를 반듯반듯하게 써요."

비슷하지만 다른 의태어를 비교해 보세요.

방긋방긋  생글생글

의태어

방긋방긋

입을 약간 벌리고
소리 없이 가볍게
웃는 모양이에요.

생글생글

눈과 입을 움직이며
소리 없이 환하게
웃는 모양이에요.

또박또박 낱말 쓰기

방긋방긋

생글생글

종알종알 활용 문장 읽기

| 방긋방긋 | "아기가 방긋방긋 웃어요." |
| 생글생글 | "생글생글 웃는 얼굴이 예뻐요." |

비슷하지만 다른 의태어를 비교해 보세요.

대롱대롱

주렁주렁

의태어

대롱대롱
작은 물건이 매달려 가볍게 흔들리는 모양이에요.

주렁주렁
열매가 많이 달린 모양이에요.

또박또박 낱말 쓰기

대롱대롱

주렁주렁

종알종알 활용 문장 읽기

대롱대롱 "나뭇가지에 감이 대롱대롱 달려 있어요."

주렁주렁 "나무에 포도가 주렁주렁 열렸어요."

비슷하지만 다른 의태어를 비교해 보세요.

넘실넘실

둥실둥실

의태어

넘실넘실
물결 등이 부드럽게 굽이쳐 움직이는 모양이에요.

둥실둥실
무언가가 공중이나 물 위에 가볍게 떠서 움직이는 모양이에요.

또박또박 낱말 쓰기

넘실넘실

둥실둥실

종알종알 활용 문장 읽기

넘실넘실 "파도가 넘실넘실 출렁거려요."

둥실둥실 "종이배가 둥실둥실 떠 있어요."

비슷하지만 다른 의태어를 비교해 보세요.

의태어

오물오물

조물조물

오물오물
음식을 입안에 넣고 조금씩 자꾸 씹는 모양이에요.

조물조물
손으로 무언가를 주물러 만지작거리는 모양이에요.

또박또박 낱말 쓰기

오 물 오 물

조 물 조 물

종알종알 활용 문장 읽기

오물오물 "떡을 조금씩 오물오물 씹어요."

조물조물 "슬라임을 조물조물 만지면 기분이 좋아져요."

비슷하지만 다른 의태어를 비교해 보세요.

의태어

반짝반짝

번쩍번쩍

반짝반짝
작은 빛이 잠깐 나타났다가 사라지는 모양이에요.

번쩍번쩍
큰 빛이 잠깐 나타났다가 사라지는 모양이에요.

또박또박 낱말 쓰기

반짝반짝

번쩍번쩍

종알종알 활용 문장 읽기

반짝반짝   "작은 별이 반짝반짝 빛나요."

번쩍번쩍   "하늘에서 번개가 번쩍번쩍 쳐요."

비슷하지만 다른 의태어를 비교해 보세요.

산들산들

한들한들

의태어

산들산들
바람이 가볍고 보드랍게 자꾸 부는 모양이에요.

한들한들
가볍게 자꾸 이리저리 흔들리는 모양이에요.

또박또박 낱말 쓰기

산들산들

한들한들

종알종알 활용 문장 읽기

| 산들산들 | "봄바람이 산들산들 불어요." |

| 한들한들 | "코스모스가 한들한들 춤을 춰요." |

비슷하지만 다른 의태어를 비교해 보세요.

살랑살랑  팔랑팔랑

의태어

살랑살랑
팔이나 꼬리를 가볍게 흔드는 모양이에요.

팔랑팔랑
나뭇잎이나 나비가 가볍게 날아다니는 모양이에요.

또박또박 낱말 쓰기

살랑살랑

팔랑팔랑

종알종알 활용 문장 읽기

살랑살랑 "강아지가 꼬리를 살랑살랑 흔들어요."

팔랑팔랑 "나비가 팔랑팔랑 날아다녀요."

비슷하지만 다른 의태어를 비교해 보세요.

살금살금  엉금엉금

의태어

살금살금

남이 알지 못하도록 눈치를 살피면서 살며시 행동하는 모양이에요.

엉금엉금

큰 동작으로 느리게 걷거나 기는 모양이에요.

또박또박 낱말 쓰기

살금살금

엉금엉금

종알종알 활용 문장 읽기

살금살금   "조용히 살금살금 걸어요."

엉금엉금   "거북이 엉금엉금 기어가요."

비슷하지만 다른 의태어를 비교해 보세요.

비실비실 VS 비틀비틀

의태어

비실비실
힘없이 비틀거리는 모양이에요.

비틀비틀
힘이 없거나 어지러워 이리저리 쓰러질 듯 걷는 모양이에요.

또박또박 낱말 쓰기

비실비실

비틀비틀

종알종알 활용 문장 읽기

비실비실 "배가 고파서 비실비실 걸어요."

비틀비틀 "잠이 덜 깨서 비틀비틀 걸어요."

비슷하지만 다른 의태어를 비교해 보세요.

의태어

허둥지둥

갈팡질팡

허둥지둥
정신을 차릴 수 없을 만큼 다급하게 서두르는 모양이에요.

갈팡질팡
방향을 잡지 못하고 이리저리 헤매는 모양이에요.

또박또박 낱말 쓰기

허둥지둥

갈팡질팡

종알종알 활용 문장 읽기

허둥지둥	"늦잠을 자서 허둥지둥 달려갔어요."
갈팡질팡	"길을 찾지 못하고 갈팡질팡 헤맸어요."

비슷하지만 다른 의태어를 비교해 보세요.

부들부들

오들오들

의태어

부들부들
몸을 크게 부르르 떠는 모양이에요.

오들오들
춥거나 무서워서 몸을 심하게 떠는 모양이에요.

또박또박 낱말 쓰기

부들부들

오들오들

종알종알 활용 문장 읽기

부들부들 "추워서 몸이 부들부들 떨려요."

오들오들 "무서워서 몸이 오들오들 떨려요."

비슷하지만 다른 의태어를 비교해 보세요.

초롱초롱  말똥말똥

의태어

초롱초롱
눈에 생기가 있고 빛나며 맑은 모양이에요.

말똥말똥
눈빛이나 정신이 맑고 생기가 있는 모양이에요.

또박또박 낱말 쓰기

초롱초롱

말똥말똥

종알종알 활용 문장 읽기

초롱초롱 "친구의 눈이 초롱초롱 빛나요."

말똥말똥 "잠이 다 깨서 정신이 말똥말똥해요."

비슷하지만 다른 의태어를 비교해 보세요.

끄덕끄덕

절레절레

의태어

끄덕끄덕
고개를 아래위로 가볍게 움직이는 모양이에요.

절레절레
머리를 이리저리 옆으로 흔드는 모양이에요.

또박또박 낱말 쓰기

끄	덕	끄	덕

절	레	절	레

종알종알 활용 문장 읽기

끄덕끄덕	"선생님의 말씀에 고개를 끄덕끄덕했어요."
절레절레	"아니라며 고개를 절레절레 저었어요."

비슷하지만 다른 의태어를 비교해 보세요.

올망졸망  옹기종기

의태어

올망졸망
작은 물건이나 귀여운 아이들이 많이 있는 모양이에요.

옹기종기
크기가 다른 작은 것들이 많이 모여 있는 모양이에요.

또박또박 낱말 쓰기

올망졸망

옹기종기

종알종알 활용 문장 읽기

올망졸망 "아이들이 올망졸망 앉아 책을 읽어요."

옹기종기 "여러 집이 옹기종기 모여 있어요."

비슷하지만 다른 의태어를 비교해 보세요.

동글동글
VS
탱글탱글

의태어

동글동글

여러 개가 모두
매우 둥근
모양이에요.

탱글탱글

탱탱하고
둥글둥글한
모양이에요.

또박또박 낱말 쓰기

동	글	동	글

탱	글	탱	글

종알종알 활용 문장 읽기

동글동글 "물방울이 동글동글해요."

탱글탱글 "자두가 탱글탱글해요."

비슷하지만 다른 의태어를 비교해 보세요.

의태어

꼬물꼬물

꿈틀꿈틀

꼬물꼬물
매우 느리고 조금씩 움직이는 모양이에요.

꿈틀꿈틀
몸의 한 부분을 구부리거나 비틀며 움직이는 모양이에요.

또박또박 낱말 쓰기

꼬물꼬물

꿈틀꿈틀

종알종알 활용 문장 읽기

꼬물꼬물 "애벌레가 꼬물꼬물 움직여요."

꿈틀꿈틀 "지렁이가 꿈틀꿈틀 기어가요."

비슷하지만 다른 의태어를 비교해 보세요.

의태어

보들보들

보송보송

보들보들
피부에 닿는 느낌이 매우 보드라운 모양이에요.

보송보송
피붓결이나 얼굴이 곱고 보드라운 모양이에요.

또박또박 낱말 쓰기

보들보들

보송보송

종알종알 활용 문장 읽기

보들보들 "토끼 인형이 보들보들 부드러워요."

보송보송 "아기는 피부가 보송보송해요."

비슷하지만 다른 의태어를 비교해 보세요.

쭈뼛쭈뼛  우물쭈물

의태어

쭈뼛쭈뼛

어색하고 부끄러워서
주저하거나
머뭇거리는
모양이에요.

우물쭈물

행동을 분명하게
하지 못하고
몹시 망설이는
모양이에요.

또박또박 낱말 쓰기

쭈뼛쭈뼛

우물쭈물

종알종알 활용 문장 읽기

쭈뼛쭈뼛 "부끄러워서 쭈뼛쭈뼛 서 있었어요."

우물쭈물 "우물쭈물하다가 버스를 놓쳤어요."

비슷하지만 다른 의태어를 비교해 보세요.

의태어

조마조마
VS
울렁울렁

조마조마

앞으로 일어날 일이 걱정되어 마음이 초조하고 불안한 모양이에요.

울렁울렁

놀라거나 두려워서 가슴이 두근거리는 모양이에요.

또박또박 낱말 쓰기

조 마 조 마

울 렁 울 렁

종알종알 활용 문장 읽기

조마조마 "지각할까 봐 조마조마했어요."

울렁울렁 "높이 올라왔더니 울렁울렁해요."

비슷하지만 다른 의태어를 비교해 보세요.

빙글빙글
VS
뱅글뱅글

의태어

빙글빙글
큰 것이
미끄럽게 도는
모양이에요.

뱅글뱅글
작은 것이
매끄럽게 도는
모양이에요.

또박또박 낱말 쓰기

빙글빙글

뱅글뱅글

종알종알 활용 문장 읽기

| 빙글빙글 | "회전목마가 빙글빙글 돌아요." |

| 뱅글뱅글 | "바람개비가 뱅글뱅글 돌아요." |

비슷하지만 다른 의태어를 비교해 보세요.

폴짝폴짝
VS
깡충깡충

의태어

폴짝폴짝
작은 것이 세차고 가볍게 뛰어오르는 모양이에요.

깡충깡충
짧은 다리를 모으고 힘 있게 솟구쳐 뛰는 모양이에요.

또박또박 낱말 쓰기

폴짝폴짝

깡충깡충

종알종알 활용 문장 읽기

폴짝폴짝 "개구리가 폴짝폴짝 뛰어요."

깡충깡충 "토끼처럼 깡충깡충 뛰어다녀요."

비슷하지만 다른 의태어를 비교해 보세요.

삐죽삐죽

뾰족뾰족

삐죽삐죽

끝이 조금씩 길게 밖으로 튀어나온 모양이에요.

뾰족뾰족

끝이 가늘어져서 날카로운 모양이에요.

또박또박 낱말 쓰기

삐죽삐죽

뾰족뾰족

종알종알 활용 문장 읽기

삐죽삐죽 "머리카락이 삐죽삐죽 튀어나왔어요."

뾰족뾰족 "고슴도치는 뾰족뾰족한 가시가 있어요."

비슷하지만 다른 의태어를 비교해 보세요.

의태어

들쑥날쑥

울퉁불퉁

들쑥날쑥
들어가기도 하고 나오기도 해서 가지런하지 않은 모양이에요.

울퉁불퉁
물건의 겉면이 고르지 않게 여기저기 나오고 들어간 모양이에요.

또박또박 낱말 쓰기

들쑥날쑥

울퉁불퉁

종알종알 활용 문장 읽기

들쑥날쑥	"산봉우리가 들쑥날쑥한 모양이에요."
울퉁불퉁	"자전거를 타고 울퉁불퉁한 길을 지나가요."

비슷하지만 다른 의태어를 비교해 보세요.

의태어

반질반질

매끌매끌

반질반질
물건의 겉면이 윤기가 흐르고 매우 매끄러운 모양이에요.

매끌매끌
몹시 매끄러운 모양이에요.

또박또박 낱말 쓰기

반질반질

매끌매끌

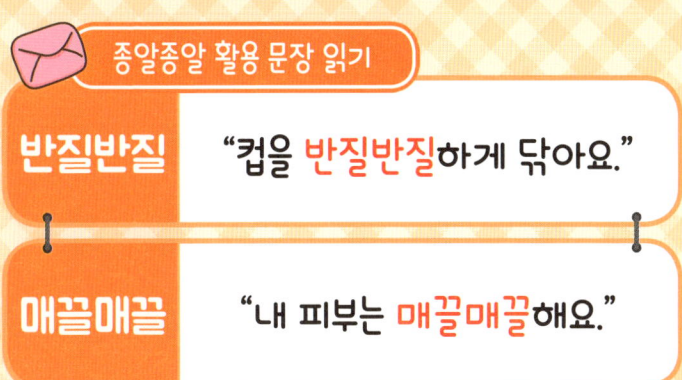

종알종알 활용 문장 읽기

반질반질	"컵을 반질반질하게 닦아요."
매끌매끌	"내 피부는 매끌매끌해요."

자연과 관련된 의태어

의태어

보슬보슬
눈이나 비가 가늘게 드문드문, 조용히 내리는 모양이에요.

뭉게뭉게
연기나 구름이 둥근 모양으로 잇따라 나오는 모양이에요.

솔솔
바람이 보드랍게 부는 모양이에요.

나풀나풀 — 얇은 물건이 바람에 날려 가볍게 움직이는 모양이에요.

울긋불긋 — 짙고 옅은 여러 가지 빛깔이 한곳에 뒤섞인 모양이에요.

이글이글 — 불이 발갛게 피어 불꽃이 타오르는 모양이에요.

어휘 찾기 놀이터

문장에 알맞은 의태어를 찾아 동그라미 해요.

의태어

밤하늘에서 별이
(반짝반짝 / 산들산들)
빛나요.

노란 나비가
(엉금엉금 / 팔랑팔랑)
날아요.

친구의 말에 고개를
(초롱초롱 / 끄덕끄덕)
흔들었어요.

강아지가
(폴짝폴짝 / 또박또박)
뛰어요.

복도에서는
(살금살금 / 동글동글)
걸어요.

바다 위에 배가
(오물오물 / 둥실둥실)
떠 있어요.

3장 감정을 표현하는 말

감정을 표현하는 말을 배워요.

좋아하다

어떤 일이나 사물에 대해
긍정적이고 좋은 느낌이 들어요.

 감정

종알종알 활용 문장 읽기

"나는 부모님을 정말 좋아해요."

"내가 좋아하는 과목은 국어예요."

감정을 표현하는 말을 배워요.

뿌듯하다

기쁨이나 감격이
마음에 가득 차서 벅차요.

 종알종알 활용 문장 읽기

"상을 받아서 뿌듯해요."

"뿌듯한 마음이 들었어요."

감정을 표현하는 말을 배워요.

바라다

생각이나 바람대로
어떤 일이 이루어졌으면 하고 생각해요.

 종알종알 활용 문장 읽기

"지금, 이 순간이 영원하길 바라요."

"바라던 일이 이루어졌어요."

감정

감정을 표현하는 말을 배워요.

설레다

마음이 가라앉지 않고
들떠서 두근거려요.

 종알종알 활용 문장 읽기

"소풍 갈 생각에 마음이 설레요."

"설레서 가슴이 쿵쿵 뛰어요."

감정을 표현하는 말을 배워요.

기쁘다

바라는 일이 이루어져
기분이 좋고 즐거워요.

 종알종알 활용 문장 읽기

"단짝과 같은 반이 되어서 기뻐요."

"시험 점수가 잘 나와서 기뻐요."

감정

감정을 표현하는 말을 배워요.

놀라다

생각하지 못한 일이나 무서움에
가슴이 두근거려요.

 종알종알 활용 문장 읽기

"천둥소리에 놀라서 심장이 뛰어요."

"무서운 영화를 보고 깜짝 놀랐어요."

감정을 표현하는 말을 배워요.

슬퍼하다

어떤 일을 겪었을 때
울고 싶을 만큼 마음이 아프고 괴로워요.

 종알종알 활용 문장 읽기

"아빠가 몹시 슬퍼했어요."

"슬퍼하는 친구를 위로해 주었어요."

감정

감정을 표현하는 말을 배워요.

허전하다

의지할 곳이 없고 마음이 텅 빈 것처럼
서운한 느낌이에요.

 종알종알 활용 문장 읽기

"아무도 없어서 허전하고 쓸쓸해요."

"친구들이 가고 나면 허전해요."

감정을 표현하는 말을 배워요.

용감하다

겁내지 않고 씩씩하며
힘이 넘쳐요.

 종알종알 활용 문장 읽기

"소방관 아저씨는 용감해요."

"용감하게 주사를 맞았어요."

감정

감정을 표현하는 말을 배워요.

훌륭하다

부족함 없이 완벽하게 잘해서
매우 흡족해요.

 종알종알 활용 문장 읽기

"여행 준비가 아주 훌륭해요."

"발표를 훌륭하게 하고 싶어요."

감정을 표현하는 말을 배워요.

망설이다

이리저리 생각만 하고
태도를 결정하지 못해요.

감정

 종알종알 활용 문장 읽기

"어떤 선물을 고를지 망설여요."

"망설이지 않고 신나게 놀아요."

감정을 표현하는 말을 배워요.

감동하다

가슴속 깊이 크게 느껴져서
마음이 움직여요.

 종알종알 활용 문장 읽기

"오빠의 따뜻한 말에 감동했어요."

"책을 읽고 감동해서 울었어요."

감정을 표현하는 말을 배워요.

사랑하다

어떤 사람이나 사물, 대상을
몹시 아끼고 소중히 여겨요.

감정

종알종알 활용 문장 읽기

"나는 우리 가족을 사랑해요."

"엄마는 음악을 사랑해요."

감정을 표현하는 말을 배워요.

안심하다

모든 문제가 해결되어
걱정이 없고 마음이 편안해요.

 종알종알 활용 문장 읽기

"무사히 돌아와서 안심했어요."

"숙제를 다 해서 안심하고 자요."

감정을 표현하는 말을 배워요.

편안하다

몸과 마음이 힘들지 않고
걱정 없이 좋아요.

 종알종알 활용 문장 읽기

"편안한 옷으로 갈아입었어요."

"침대가 편안해서 잠이 솔솔 와요."

감정

감정을 표현하는 말을 배워요.

상쾌하다

기분이나 느낌이
깨끗하고 시원해요.

 종알종알 활용 문장 읽기

"목욕하고 나면 상쾌해요."

"숲에 가면 상쾌한 기분이 들어요."

감정을 표현하는 말을 배워요.

당당하다

남 앞에 내세울 만큼 모습이나 태도가 떳떳하고 자신만만해요.

 종알종알 활용 문장 읽기

"**당당한** 모습이 정말 멋져요."

"걸음걸이가 씩씩하고 **당당해요**."

감정을 표현하는 말을 배워요.

충분하다

목적이나 기준을 채울 만큼
부족하지 않고 넉넉해요.

 종알종알 활용 문장 읽기

"지금도 충분히 잘하고 있어요."

"회장이 될 자격이 충분해요."

감정을 표현하는 말을 배워요.

후련하다

답답하거나 불편했던 일이
해결되어 마음이 시원해요.

 종알종알 활용 문장 읽기

"먼저 사과했더니 후련해요."

"속마음을 후련하게 털어놓았어요."

감정을 표현하는 말을 배워요.

친근하다

아주 가깝게 지내서 친하고
허물없이 편해요.

 종알종알 활용 문장 읽기

"이웃과 친근하게 지내요."

"우리는 자매처럼 친근해요."

감정을 표현하는 말을 배워요.

대단하다

몹시 크거나 많아요.
또는 어떤 일에 특별히 뛰어나요.

감정

 종알종알 활용 문장 읽기

"만리장성의 규모가 대단해요."

"매일 책을 읽는 대단한 친구예요."

감정을 표현하는 말을 배워요.

궁금하다

모르는 것을 알고 싶어서
몹시 답답하고 안타까워요.

 종알종알 활용 문장 읽기

"노래를 잘 부르는 비결이 궁금해요."

"수학 시험 정답이 궁금해요."

감정을 표현하는 말을 배워요.

괜찮다

나쁘지 않고 보통 이상이에요.
또는 걱정되거나 문제 될 것이 없어요.

종알종알 활용 문장 읽기

"처음 그렸는데 솜씨가 괜찮아요."

"실수해도 괜찮아요."

감정

감정을 표현하는 말을 배워요.

외롭다

혼자가 되거나
의지할 곳이 없어서 쓸쓸해요.

 종알종알 활용 문장 읽기

"**외로운** 기분이 들었어요."

"혼자 **외롭게** 앉아 있었어요."

감정을 표현하는 말을 배워요.

고맙다

다른 사람이 친절하게 대해 주거나
도움을 줘서 흐뭇해요.

감정

 종알종알 활용 문장 읽기

"**고마운** 마음을 담아 편지를 썼어요."

"도와줘서 **고마워요.**"

감정을 표현하는 말을 배워요.

아끼다

물건이나 사람을
소중히 여겨 보살펴요.

 종알종알 활용 문장 읽기

"내가 정말 아끼는 인형이에요."

"아끼던 옷을 입었어요."

감정을 표현하는 말을 배워요.

그립다

보고 싶거나 만나고 싶은
마음이 간절해요.

 종알종알 활용 문장 읽기

"전학 간 친구가 그리워요."

"꿈에서 그리운 사람을 만났어요."

감정을 표현하는 말을 배워요.

아쉽다

필요할 때 없거나 모자라서
안타깝고 만족스럽지 못해요.

 종알종알 활용 문장 읽기

"헤어지기 아쉬워서
계속 이야기해요."

"용돈이 부족해서 아쉬워요."

감정을 표현하는 말을 배워요.

화나다

억울한 일을 당하거나
마음에 들지 않아서 기분이 나빠요.

 종알종알 활용 문장 읽기

"동생이 내 공책에 낙서해서
화나요."

"언니가 화난 얼굴로 말했어요."

감정

감정을 표현하는 말을 배워요.

무섭다

좋지 않은 일이나 걱정하는 일이 일어날까 봐 불안해요.

 종알종알 활용 문장 읽기

"귀신이 나올까 봐 무서워요."

"무서운 꿈을 꾸었어요."

감정을 표현하는 말을 배워요.

미안하다

다른 사람에게 잘못하여
마음이 편하지 않고 부끄러워요.

 종알종알 활용 문장 읽기

"약속을 못 지켜서 미안해요."

"장난친 게 미안해서 사과했어요."

감정을 표현하는 말을 배워요.

부끄럽다

잘못을 저질러서 창피하고 떳떳하지 못해요.
또는 용기가 없어 매우 수줍어요.

 종알종알 활용 문장 읽기

"거짓말을 해서 부끄러워요."

"부끄러워서 발표를 못 했어요."

감정을 표현하는 말을 배워요.

초조하다

애가 타서 마음이
진정되지 않고 조마조마해요.

 종알종알 활용 문장 읽기

"내 순서를 초조하게 기다려요."

"시간이 많지 않아 초조해요."

감정을 표현하는 말을 배워요.

걱정되다

마음이 편안하지 않아
속이 타요.

 종알종알 활용 문장 읽기

"엄마가 기침을 해서 걱정돼요."

"시험이 걱정돼서 잠이 안 와요."

감정을 표현하는 말을 배워요.

불편하다

몸이나 마음이
편하지 않고 힘들어요.

감정

 종알종알 활용 문장 읽기

"다리를 다쳐서 걷기가 불편해요."

"친구와 싸워서 마음이 불편해요."

감정을 표현하는 말을 배워요.

피곤하다

몸이나 마음이 지쳐서
기운이 없어요.

 종알종알 활용 문장 읽기

"온종일 걸어서 피곤해요."

"너무 피곤해서 쉬고 싶어요."

감정을 표현하는 말을 배워요.

긴장하다

두근두근 초조해하며
정신을 바짝 차려요.

 종알종알 활용 문장 읽기

"누군가 쫓아오면 바짝 긴장해요."

"긴장하면 손에서 땀이 나요."

감정

감정을 표현하는 말을 배워요.

창피하다

*체면이 깎이는 일을 당하여
몹시 부끄러워요.

 종알종알 활용 문장 읽기

"달리기하다 넘어져서 창피해요."

"반칙하는 건 창피한 일이에요."

*체면: 남을 대하기에 떳떳한 도리나 얼굴.

감정을 표현하는 말을 배워요.

조급하다

참고 견디지 못하고 매우 급해요.
또는 늦거나 느긋하지 않아요.

 종알종알 활용 문장 읽기

"조급한 성격 때문에 실수해요."

"약속 시각에 늦을까 봐 조급해요."

감정을 표현하는 말을 배워요.

억울하다

아무 잘못 없이 꾸중을 듣거나
벌을 받아 속상하고 답답해요.

 종알종알 활용 문장 읽기

"잘못하지 않았는데 혼나서
억울해요."

"억울해서 눈물이 나요."

감정을 표현하는 말을 배워요.

답답하다

숨이 막힐 듯하거나
일이 잘되지 않아 갑갑해요.

 종알종알 활용 문장 읽기

"소리가 잘 안 들려서 답답해요."

"방이 답답해서 밖으로 나왔어요."

감정을 표현하는 말을 배워요.

불쌍하다

남의 *처지가 딱해서
마음이 아파요.

 종알종알 활용 문장 읽기

"비 맞고 있는 강아지가 불쌍해요."

"동화 속 주인공이 불쌍해요."

*처지: 처하여 있는 사정이나 형편.

감정을 표현하는 말을 배워요.

당황하다

놀라거나 다급하여
어떻게 해야 할지 모르겠어요.

 감정

종알종알 활용 문장 읽기

"너무 당황해서 기억이 안 나요."

"버스가 갑자기 멈춰서 당황했어요."

감정을 표현하는 말을 배워요.

속상하다

걱정되거나 언짢은 일로
마음이 편하지 않고 우울해요.

 종알종알 활용 문장 읽기

"친구들이랑 놀지 못해서 속상해요."

"엄마께 속상한 마음을 말했어요."

여행을 갈 때 느끼는 감정

신나다 — 어떤 일이 즐거워서 기분이 매우 좋아요.

기대되다 — 어떤 일이 원하는 대로 이뤄지기를 바라면서 기다리게 돼요.

신기하다 — 믿을 수 없을 정도로 색다르고 놀라워요.

감정

행복하다 — 충분한 만족과 기쁨을 느껴서 흐뭇해요.

활기차다 — 힘이 넘치고 생기가 가득해요.

재미있다 — 아기자기하게 즐겁고 유쾌한 기분이나 느낌이에요.

미로 찾기 놀이터

어떤 길을 골라야 가운데에 갈 수 있을까요?
알맞은 번호를 골라 길을 찾으세요.

4장 비유하는 말 (관용어)

비유하는 말을 배워요.

입을 모으다

여러 사람이 같은 의견을 말한다는 뜻이에요.
같은 의견이나 생각을 공유할 때 쓰지요.

관용어

종알종알 활용 문장 읽기

"동생과 **입을 모아** 말했어요."

"친구들이 **입을 모아** 칭찬했어요."

비유하는 말을 배워요.

발이 넓다

발이 크다는 뜻이 아니라,
아는 사람이 많고
인간관계가 넓다는 뜻이에요.

 종알종알 활용 문장 읽기

"발이 넓은 친구가 도와주었어요."

"할아버지는 동네에서 발이 넓어요."

비유하는 말을 배워요.

눈 깜짝할 사이

눈을 한 번 깜박하는 짧은 시간을 뜻해요.
매우 짧은 순간을 나타낼 때 쓰지요.

관용어

 종알종알 활용 문장 읽기

"눈 깜짝할 사이에 사라졌어요."

"밥을 눈 깜짝할 사이에 먹었어요."

비유하는 말을 배워요.

손발이 맞다

어떤 일을 함께할 때
생각과 행동이 서로 잘 맞는다는 뜻이에요.

 종알종알 활용 문장 읽기

"우리 가족은 손발이 맞아요."

"우리는 손발이 맞는 단짝이에요."

비유하는 말을 배워요.

관용어

맥이 풀리다

'맥'은 기운이나 힘을 말해요.
갑자기 기운이나 긴장이 풀어진다는
뜻이지요.

 종알종알 활용 문장 읽기

"시험이 끝나자 맥이 풀렸어요."

"온몸에 맥이 풀리니 잠이 와요."

비유하는 말을 배워요.

뿌리를 뽑다

뿌리를 뽑힌 식물이 다시 자랄 수 없듯이, 어떤 일이 절대 일어날 수 없게 막는다는 뜻이에요.

 종알종알 활용 문장 읽기

"학교 폭력은 뿌리를 뽑아야 해요."

"같은 일이 반복되지 않게 뿌리를 뽑아요."

비유하는 말을 배워요.

손이 크다

손이 커다랗고 넓다는 뜻이 아니라,
돈이나 물건을 아끼지 않고
넉넉하게 쓴다는 뜻이에요.

관용어

종알종알 활용 문장 읽기

"**손이 큰** 아빠가 용돈을 주셨어요."

"엄마는 **손이 커서** 음식을
많이 하세요."

비유하는 말을 배워요.

눈을
의심하다

본 것을 믿을 수 없다는 뜻이에요.
눈앞에 벌어진 일이
진짜인지 의심스러울 때 쓰지요.

 종알종알 활용 문장 읽기

"친구와 똑같이 생겨서
눈을 의심했어요."

"진짜인지 눈을 의심하게 돼요."

비유하는 말을 배워요.

관용어

식은 죽 먹기

뜨겁지 않아 식힐 필요가 없는 죽은
쉽게 먹을 수 있어요.
어떤 일을 하는 것이 매우 쉽다는 뜻이에요.

 종알종알 활용 문장 읽기

"줄넘기 백 개는 식은 죽 먹기예요."

"오늘 퀴즈는 식은 죽 먹기였어요."

비유하는 말을 배워요.

엉덩이가 무겁다

한번 자리를 잡고 앉으면
쉽게 일어나지 않는다는 뜻이에요.
한곳에 오래 앉아 있는 사람에게 써요.

 종알종알 활용 문장 읽기

"게임을 하면 엉덩이가 무거워져요."

"엉덩이가 무거워야
공부를 잘한대요."

비유하는 말을 배워요.

골탕을 먹이다

관용어

상대방에게 곤란한 상황을 만들거나
피해를 준다는 뜻이에요.

 종알종알 활용 문장 읽기

"친구에게 골탕을 먹였어요."

"골탕을 먹일 방법을 찾았어요."

비유하는 말을 배워요.

머리를 맞대다

어떤 일을 해결하거나 결정하기 위해
함께 고민한다는 뜻이에요.
여럿이 생각하고 의논할 때 쓰지요.

 종알종알 활용 문장 읽기

"머리를 맞대고 회의했어요."

"모든 나라가 머리를 맞댔어요."

비유하는 말을 배워요.

시치미를 떼다

자기가 한 일을 하지 않았다고 하거나
알고 있으면서 모르는 척할 때 이렇게 말해요.

관용어

 종알종알 활용 문장 읽기

"**시치미를 떼며** 딴짓을 했어요."

"범인을 알면서도 **시치미를 뗐어요.**"

비유하는 말을 배워요.

떡이 생기다

생각하지도 못한 이익이 생기거나
행운이 왔다는 뜻이에요.

 종알종알 활용 문장 읽기

"부모님 말씀을 잘 들으면
떡이 생겨요."

"자다가도 떡이 생기는 날이에요."

비유하는 말을 배워요.

코가 납작해지다

부끄러운 일을 당하거나 기가 죽어서 자존심이 꺾인다는 뜻이에요.

종알종알 활용 문장 읽기

"상대 팀 코를 납작하게 만들었어요."

"친구의 코가 납작해졌어요."

비유하는 말을 배워요.

빛을 보다

노력했던 일이 잘되고, 수고한 보람이 드러난다는 뜻이에요. 그동안 공개되지 않은 것이 널리 알려질 때도 쓰이지요.

 종알종알 활용 문장 읽기

"사람들의 노력이 빛을 봤어요."

"미술 작품이 빛을 보게 됐어요."

비유하는 말을 배워요.

군침이 돌다

음식을 보고 먹고 싶어서 입맛을 다실 때 쓰는 표현이에요. 또 어떤 물건을 가지고 싶어서 욕심낼 때도 쓰지요.

관용어

 종알종알 활용 문장 읽기

"떡볶이만 봐도 군침이 돌아요."

"군침이 돌 만큼 갖고 싶어요."

비유하는 말을 배워요.

고개를 돌리다

어떤 사람을 모르는 척하거나
어떤 일과 상관없는 척한다는 뜻이에요.

 종알종알 활용 문장 읽기

"고개를 돌리며 모르는 척했어요."

"도울 수 없다며 고개를 돌렸어요."

비유하는 말을 배워요.

목이 타다

목이 심하게 마를 때 쓰는 표현이에요.
또 갈증이 날 만큼 무언가를
애타게 기다릴 때도 이 말을 써요.

종알종알 활용 문장 읽기

"**목이 타서** 물을 벌컥벌컥 마셔요."

"누나를 기다리느라 **목이 타요**."

관용어

비유하는 말을 배워요.

가슴에 새기다

잊지 않도록 마음에 단단히 기억한다는 뜻이에요.

 종알종알 활용 문장 읽기

"가슴에 새긴 좋은 말이 있어요."

"선생님 말씀을 가슴에 새겼어요."

비유하는 말을 배워요.

무릎을 꿇다

무릎을 꿇는 것은 상대를 따르겠다는 뜻으로, 항복할 때 쓰는 표현이에요.

관용어

종알종알 활용 문장 읽기

"적 앞에 무릎을 꿇었어요."

"무릎을 꿇고 용서를 빌었어요."

비유하는 말을 배워요.

바가지를 쓰다

요금이나 물건 값을
실제 가격보다 비싸게 내서
억울하게 손해를 본다는 뜻이에요.

 종알종알 활용 문장 읽기

"바가지를 쓰고 물건을 샀어요."

"놀러 갔다가 바가지를 썼어요."

비유하는 말을 배워요.

배꼽을 잡다

관용어

쏙 들어간 배꼽을 잡는 것이 아니라,
배가 아플 정도로 웃음이 나서
배를 움켜잡고 크게 웃는다는 뜻이에요.

 종알종알 활용 문장 읽기

"모두 배꼽을 잡고 웃었어요."

"친구의 농담에 배꼽을 잡았어요."

비유하는 말을 배워요.

발 벗고 나서다

어떤 일에 적극적으로 참여하거나 최선을 다한다는 뜻이에요.

 종알종알 활용 문장 읽기

"발 벗고 나서서 친구를 도왔어요."

"봉사 활동에 발 벗고 나섰어요."

음식과 관련된 관용어

국물도 없다
나에게 돌아오는 몫이나 이득이 하나도 없다는 뜻이에요.

국수를 먹다
결혼식에 초대를 받거나 결혼식을 올린다는 뜻이에요.

그림의 떡
아무리 마음에 들어도 가질 수 없고, 이용할 수 없다는 뜻이에요.

관용어

| 미역국을 먹다 | 시험에 떨어지거나 어떤 일에 거절을 당했다는 뜻이에요. |

| 파김치가 되다 | 몹시 지쳐서 기운이 없다는 뜻이에요. |

| 한솥밥을 먹다 | 함께 생활하며 집안 식구처럼 가깝게 지낸다는 뜻이에요. |

관용어 완성 놀이터

단어를 연결해서 관용어를 완성하세요.

입을 ☆　　☆ 넓다

손이 ☆　　☆ 모으다

발이 ☆　　☆ 크다

 배꼽을   맞대다

머리를   의심하다

눈을   잡다

고진
감래

대기
만성

죽마
고우

다다
익선

5장 고사성어

한자로 이루어진 고사성어를 배워요.

일석이조

一 石 二 鳥
한 일 　 돌 석 　 두 이 　 새 조

돌 하나를 던져서 새 두 마리를 잡는다는 뜻이에요.
한 가지 일을 했는데 두 가지 좋은 결과를 얻었을 때
사용하는 말이지요.

또박또박 낱말 쓰기

일석이조

종알종알 활용 문장 읽기

"공부해서 성적도 오르고
칭찬도 들으니까 일석이조예요."

"도서관에 책을 읽으러 갔다가
일석이조로 친구도 만났어요."

한자로 이루어진 고사성어를 배워요.

칠전팔기

七 顚 八 起

일곱 칠　넘어질 전　여덟 팔　일어날 기

일곱 번 넘어져도 여덟 번 일어난다는 뜻이에요.
여러 번 실패해도 포기하지 않고
계속 도전할 때 사용하는 말이지요.

고사성어

 **또박또박 낱말 쓰기**

칠전팔기

 종알종알 활용 문장 읽기

"**칠전팔기**로 끝까지 도전해
마침내 꿈을 이뤘어요."

"시합에서 우승하기 위해
칠전팔기하며 노력할 거예요."

한자로 이루어진 고사성어를 배워요.

백전백승

百戰百勝
일백 백 싸움 전 일백 백 이길 승

백 번 싸워서 백 번 모두 이긴다는 뜻이에요.
싸움이나 경쟁에서 언제나 이길 때 쓰지요.

또박또박 낱말 쓰기

백전백승

종알종알 활용 문장 읽기

"전쟁에서 백전백승으로 승리했어요."

"우리 팀은 백전백승의 기록을 자랑해요."

한자로 이루어진 고사성어를 배워요.

고진감래

苦 盡 甘 來
쓸 고　다할 진　달 감　올 래

쓴 것이 다하면 단 것이 온다는 뜻으로,
고생 끝에 즐거움이 온다는 말이에요.
지금은 힘들어도 참고 견디면
반드시 좋은 일이 찾아온다는 의미이지요.

 **또박또박 낱말 쓰기**

고진감래

 종알종알 활용 문장 읽기

"언니는 고진감래로 원하던 대학에 합격했어요."

"고진감래 끝에 공연을 성공적으로 마쳤어요."

한자로 이루어진 고사성어를 배워요.

대기만성

大 器 晚 成
클 대   그릇 기   늦을 만   이룰 성

큰 그릇을 만드는 데 시간이 오래 걸린다는 뜻으로,
큰 인물은 하루아침에 되는 것이 아니라
오랫동안 노력해야 한다는 말이에요.

또박또박 낱말 쓰기

대기만성

종알종알 활용 문장 읽기

"〈토끼와 거북〉의 거북은
대기만성한 동물이에요."

"노력하면 언젠가는 꼭
대기만성할 거예요."

한자로 이루어진 고사성어를 배워요.

금상첨화

錦 上 添 花
비단 금 윗 상 더할 첨 꽃 화

고사성어

비단 위에 꽃을 더한다는 뜻이에요.
좋은 것에 좋은 것이 더해져서
더욱 좋게 된다는 의미이지요.

또박또박 낱말 쓰기

금 상 첨 화

종알종알 활용 문장 읽기

"오늘 간식은 피자에 치킨까지, 금상첨화예요."

"생일에 선물을 받았는데 여행도 간다니 금상첨화예요."

한자로 이루어진 고사성어를 배워요.

다사다난

多 事 多 難
많을 다 일 사 많을 다 어려울 난

일도 많고 어려움도 많다는 뜻이에요.
한 해나 어떤 시기를 돌아보며,
다양한 사건과 힘든 일이 많았던 상황을
이야기할 때 이렇게 말해요.

또박또박 낱말 쓰기

다사다난

종알종알 활용 문장 읽기

"올해는 정말 다사다난했어요."

"다사다난했던 여행을 마치고 집으로 돌아왔어요."

한자로 이루어진 고사성어를 배워요.

죽마고우

竹 馬 故 友
대나무 **죽**　말 **마**　옛 **고**　벗 **우**

대나무 말을 타고 놀던 옛 친구라는 뜻이에요.
어릴 때부터 함께 자란
오래된 친구를 말하지요.

또박또박 낱말 쓰기

죽마고우

종알종알 활용 문장 읽기

"옆집에 사는 친구는 나의 죽마고우예요."

"죽마고우인 우리는 추억이 많아요."

한자로 이루어진 고사성어를 배워요.

다다익선

多 多 益 善
많을 다 　 많을 다 　 더할 익 　 착할 선

많으면 많을수록 더 좋다는 뜻이에요.
어떤 것이든 많으면 많을수록
유리하거나 좋다는 의미이지요.

또박또박 낱말 쓰기

다 다 익 선

종알종알 활용 문장 읽기

"책을 읽는 것은 다다익선이에요."

"다다익선이라고 해도 무조건 욕심을 내면 안 돼요."

한자로 이루어진 고사성어를 배워요.

구사일생

九 死 一 生
아홉 구　죽을 사　한 일　날 생

아홉 번 죽을 뻔하다가
한 번 살아난다는 뜻이에요.
매우 위험한 상황에서
겨우 살아남았을 때 쓰는 말이에요.

또박또박 낱말 쓰기

구 사 일 생

종알종알 활용 문장 읽기

"사고가 났지만 구사일생으로 다치지 않았어요."

"바다에 빠졌는데 구사일생으로 살았어요."

한자로 이루어진 고사성어를 배워요.

무용지물

無用之物
없을 무　쓸 용　갈 지　물건 물

쓸모없는 물건이라는 뜻이에요.
아무 쓸모없는 물건이나
쓸 만한 능력이 없는 사람을 가리키는 말이에요.

또박또박 낱말 쓰기

무용지물

종알종알 활용 문장 읽기

"무용지물이 된 장난감을 재활용했어요."

"이 물건은 무용지물이라 버려도 돼요."

한자로 이루어진 고사성어를 배워요.

유비무환

有備無患
있을 유   갖출 비   없을 무   근심 환

준비가 있으면 근심이 없다는 뜻이에요.
미리 대비하면 나중에 닥칠 위험이나
어려움을 걱정할 필요가 없다는 말이지요.

또박또박 낱말 쓰기

유비무환

종알종알 활용 문장 읽기

"**유비무환**이라고, 발표를 미리 준비하면 걱정할 필요가 없어요."

"**유비무환**의 자세로 불이 나지 않게 대비하는 것이 중요해요."

한자로 이루어진 고사성어를 배워요.

위풍당당

威風堂堂
위엄 **위**　바람 **풍**　집 **당**　집 **당**

겉으로 드러나는 모습이 위엄 있고,
당당한 기세가 느껴지는 것을 뜻해요.

또박또박 낱말 쓰기

위풍당당

종알종알 활용 문장 읽기

"친구들 앞에서 위풍당당하게
나의 의견을 말했어요."

"위풍당당한 모습으로 힘든 일을 해냈어요."

한자로 이루어진 고사성어를 배워요.

어부지리

漁夫之利
고기 잡을 어 / 지아비 부 / 갈 지 / 이로울 리

어부의 이익이라는 뜻으로,
두 사람이 서로 싸우는 사이에
엉뚱한 사람이 이득을 볼 때 쓰는 말이에요.

또박또박 낱말 쓰기

어부지리

종알종알 활용 문장 읽기

"오빠랑 동생이 닭 다리를 먹겠다고
싸울 때, 내가 어부지리로 먹었어요."

"앞에 있던 두 친구가 반칙해서
내가 어부지리로 일등을 했어요."

한자로 이루어진 고사성어를 배워요.

역지사지

易 地 思 之
바꿀 역 땅 지 생각 사 갈 지

처지를 바꿔 생각한다는 뜻이에요.
다른 사람의 상황이나 처지에서 생각하고
배려한다는 의미이지요.

또박또박 낱말 쓰기

역	지	사	지

종알종알 활용 문장 읽기

"**역지사지**하는 태도를 가져야 해요."

"**역지사지**하면, 친구의 마음을 이해할 수 있어요."

공부와 관련된 고사성어

타산지석 他山之石
다른 산의 돌이라는 뜻으로, 다른 사람의 잘못된 말이나 행동도 자신의 지식과 인격을 수양하는 데 도움이 된다는 뜻이에요.

온고지신 溫故知新
옛것을 익히고, 그것을 통해 새로운 것을 안다는 뜻이에요.

괄목상대 刮目相對
눈을 비비고 상대방을 본다는 뜻으로, 오랜만에 본 사람의 지식이나 재주가 놀랄 만큼 부쩍 늘었다는 뜻이에요.

고사성어

일취월장
日就月將
학문이나 실력이 날마다, 달마다 성장하고 발전한다는 뜻이에요.

형설지공
螢雪之功
가난한 사람이 반딧불과 눈의 빛으로 글을 읽으며, 어려운 환경에서도 열심히 공부한다는 뜻이에요.

주경야독
晝耕夜讀
낮에는 밭을 갈고 밤에는 책을 읽는다는 뜻으로, 어려운 환경에서도 꿋꿋이 공부한다는 뜻이에요.

사다리 타기 놀이터

사다리를 타고 알맞은 고사성어를 찾아요.

다재다능 **사필귀정** **전화위복** **견물생심**

| 재앙이 바뀌어 오히려 복이 된다는 뜻이에요. | 모든 일은 반드시 바른길로 돌아간다는 뜻이에요. | 물건이 눈에 보이면 가지고 싶은 욕심이 생긴다는 뜻이에요. | 재주와 능력이 많다는 뜻이에요. |

정답

118-119쪽

168-169쪽

198-199쪽

234쪽

찾아보기

ㄱ
가슴에 새기다 · 191
갈팡질팡 · 86
감동하다 · 133
걱정되다 · 155
고개를 돌리다 · 189
고맙다 · 146
고진감래 · 208
골탕을 먹이다 · 182
괄목상대 · 232
괜찮다 · 144
구사일생 · 220
국물도 없다 · 196
국수를 먹다 · 196
군침이 돌다 · 188
궁금하다 · 143
그림의 떡 · 196
그립다 · 148
금상첨화 · 212
기대되다 · 166
기쁘다 · 126
긴장하다 · 158
깡충깡충 · 108
꼬르륵 · 61

꼬물꼬물 · 98
꿀꺽꿀꺽 · 14
꿀떡꿀떡 · 14
꿈틀꿈틀 · 98
끄덕끄덕 · 92

ㄴ
나풀나풀 · 117
냠냠 · 32
넘실넘실 · 72
놀라다 · 127
눈 깜짝할 사이 · 174
눈을 의심하다 · 179

ㄷ
다다익선 · 218
다사다난 · 214
달그락달그락 · 22
달랑달랑 · 24
답답하다 · 162
당당하다 · 138
당황하다 · 164
대기만성 · 210
대단하다 · 142

대롱대롱 · 70
동글동글 · 96
두근두근 · 28
둥실둥실 · 72
드르륵 · 58
들쑥날쑥 · 112
따르릉 · 38
땡그랑 · 36
떡이 생기다 · 185
또닥또닥 · 50
또박또박 · 66
뚜벅뚜벅 · 20
뚝딱뚝딱 · 50

말똥말똥 · 90
망설이다 · 132
매끌매끌 · 114
맥이 풀리다 · 176
머리를 맞대다 · 183
목이 타다 · 190
무릎을 꿇다 · 192
무섭다 · 151
무용지물 · 222

뭉게뭉게 · 116
미안하다 · 152
미역국을 먹다 · 197

ㅂ

바가지를 쓰다 · 193
바라다 · 124
바삭바삭 · 12
반듯반듯 · 66
반질반질 · 114
반짝반짝 · 76
발 벗고 나서다 · 195
발이 넓다 · 173
방긋방긋 · 68
배꼽을 잡다 · 194
백전백승 · 206
뱅글뱅글 · 106
번쩍번쩍 · 76
벌컥벌컥 · 46
보글보글 · 10
보들보들 · 100
보송보송 · 100
보슬보슬 · 116
부끄럽다 · 153

부들부들 · 88
부르릉 · 38
불쌍하다 · 163
불편하다 · 156
비실비실 · 84
비틀비틀 · 84
빙글빙글 · 106
빛을 보다 · 187
뾰족뾰족 · 110
뿌듯하다 · 123
뿌리를 뽑다 · 177
삐죽삐죽 · 110

사각사각 · 42
사락사락 · 42
사랑하다 · 134
사필귀정 · 234
산들산들 · 78
살금살금 · 82
살랑살랑 · 80
상쾌하다 · 137
새근새근 · 60
생글생글 · 68

서걱서걱 · 54
설레다 · 125
소곤소곤 · 16
속닥속닥 · 16
속상하다 · 165
손발이 맞다 · 175
손이 크다 · 178
솔솔 · 116
스르륵 · 58
슬퍼하다 · 128
시치미를 떼다 · 184
식은 죽 먹기 · 180
신기하다 · 166
신나다 · 166
싹둑싹둑 · 54

아끼다 · 147
아삭아삭 · 12
아쉽다 · 149
안심하다 · 135
어부지리 · 228
억울하다 · 161
엉금엉금 · 82

엉덩이가 무겁다 · 181
역지사지 · 230
오들오들 · 88
오물오물 · 74
온고지신 · 232
올망졸망 · 94
옹기종기 · 94
와글와글 · 52
외롭다 · 145
용감하다 · 130
우르릉 · 44
우물쭈물 · 102
울긋불긋 · 117
울렁울렁 · 104
울퉁불퉁 · 112
웅성웅성 · 52
위풍당당 · 226
유비무환 · 224
이글이글 · 117
일석이조 · 202
일취월장 · 233
입을 모으다 · 172

잘그락잘그락 · 22
재미있다 · 167
저벅저벅 · 20
전화위복 · 234
절레절레 · 92
조급하다 · 160
조마조마 · 104
조물조물 · 74
종알종알 · 34
좋아하다 · 122
주경야독 · 233
주렁주렁 · 70
죽마고우 · 216
중얼중얼 · 34
지글지글 · 10
짤랑짤랑 · 24
쨍그랑 · 36
쩌렁쩌렁 · 60
쩝쩝 · 32
쭈뼛쭈뼛 · 102

찰랑찰랑 · 40
창피하다 · 159

첨벙첨벙 · 26
초롱초롱 · 90
초조하다 · 154
출렁출렁 · 40
충분하다 · 139
친근하다 · 141
칠전팔기 · 204
칭얼칭얼 · 48

코가 납작해지다 · 186
콩닥콩닥 · 28
콰르릉 · 44
킁킁 · 61
키득키득 · 18

타산지석 · 232
탱글탱글 · 96

파김치가 되다 · 197
팔랑팔랑 · 80
퍼덕퍼덕 · 56
펄럭펄럭 · 56
편안하다 · 136
폴짝폴짝 · 108
풍덩풍덩 · 26
피곤하다 · 157
피식피식 · 18

하하 · 30
한들한들 · 78
한솥밥을 먹다 · 197
행복하다 · 167
허둥지둥 · 86
허전하다 · 129
헐떡헐떡 · 60
형설지공 · 233
호호 · 30
홀짝홀짝 · 46
화나다 · 150
활기차다 · 167
후련하다 · 140
훌륭하다 · 131
훌쩍훌쩍 · 61
흥얼흥얼 · 48

산리오캐릭터즈를 책으로 만나요!

사전

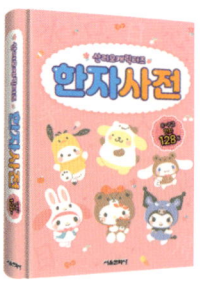

 수수께끼 사전
 속담 사전
 한자 사전

 맞춤법 사전
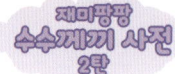 재미팡팡 수수께끼 사전 2탄
 초등 어휘 사전